고독의 리듬

아티초크

고독의 리듬

엘라 윌러 윌콕스

시집

이루카 옮김

사랑을 잃으면 밤이 찾아온다

차례

추천사 | 결코 죽음을 모르는 이런 사랑　　　　15

파괴자　　　　19
사랑을 잃으면　　　　20
인생의 상처들　　　　22
고독　　　　24
왜 죽은 여름을 한탄하는가　　　　27
길을 보여 달라　　　　29
당신은 어느 쪽이죠?　　　　31
사랑의 언어　　　　33
어떻게 기다릴까　　　　36
코뮤니스트처럼 미친듯이　　　　39
여자의 운명　　　　42
모래성　　　　45

새것과 옛것	47
마지막까지	49
너는 나를 잊겠지	53
마음에 창을	55
아름다운 도취의 나라로	57
나는 가치가 있다	59
단 한 번	61
포기	63
인생은 그런 법	66
남자에게 마음이 있는 한	68
많이 사랑하라	70
우리 둘 중 하나는	72
기도의 응답	74
은밀한 생각	76
누구에게나 찾아오는 때	78
그게 무엇이든—그때는 그것이 최선이라네	80
유령들	82
매장	85
내가 울 수만 있다면	87
깊이 잠수한다면	89
아무래도 상관없다	91

용기	93
발견	95
밀물과 썰물	98
빨강 카네이션	99
왜	101
만일 내가	104
인생에서 중요한 것은	106
긍휼	108
재회	110
우리 어떡하죠?	112
사랑의 노래	114
바람이 전하는 말	116
민초의 목소리	118
결심	120
후회	122
사랑을 말로 할 수 있다면	124
내가 있는 이유는	126
사랑	128
소망	130

옮긴이의 말 | 세상을 얻는 것은 예술이 아니라 가슴이다	133

결코 죽음을 모르는 이런 사랑

박참새 시인

　이것은 의심의 여지 없는 사랑시의 무덤이다. 윌콕스는 사랑에 대해 말한다. 아주 오랫동안, 다소 집요하게. 그러나 소박한 언어로 쓰여진 이 말들은 쉽게 읽히지만 만만히 삼켜지지 않는다. 윌콕스의 사랑은 우리의 사랑과 조금 다르기 때문이다. 사방이 어긋나고 거의 모든 방향이 빗나간다. 과녁은 의도를 잃는다. 미동도 없이 굳은 눈으로 고통을 흘리고 사랑의 눈물을 말한다. 포기할 수 없음의 비참함을 쓴다. 사랑이 망가진 자리에 새로이 들어선, 태동 없는 괴로움. 간결하고 창백한 소실의 언어들. 표정이 사라진 시간의 얼굴 앞에서 외치는, 결코 죽음을 모르는 "이런 사랑". 이 불멸의 사랑 끝에 윌콕스가 서 있다. 죽음을 모르는 채로. 끝없음의 끝없음. 어딘가에는 마지막이라는 장면이 도사리고 있을 것이라는 환상. 이성의 절벽에서 외치는 가여운 운명. 이 모든 것을 무한히 끌어안으면서, 맹렬히 복종하는 태도로, 그렇게 서 있다.

　이것은 의심의 여지 없는 사랑의, 우리의 고약한 역사들이다. 우리는 사랑할 수밖에 없도록 만들어졌다. 포기도 탈락도 망각도 모르는 채로, 그렇게. 안쓰러이 내던져졌다. 나는 이 징그러운 생의 연결이 답답했다. 종종 쓸모없다고도. 나를 지키기 위해 사랑할 필요가 없다고 생각했다. 그랬기에 내가 단단해진 것이라 믿었다. 하지만 세월의 살결을 입은 윌콕스의 시들을 읽으며 모든 것이 무화되었다.

　윌콕스의 그리스도가 말한다. "나에게 오라, 나도 실패했노라". 이제는 더이상 줄 마음이 없다는 생각이 들 때마다, 이 소리가 나도 모르는 나의 심장에 울려 퍼질 것만 같다. 사랑을 포기할 수는 없는 일이다. 이것이 사랑이고 이것이 바로 윌콕스다. 나는 이제야 사랑을 조금 엿보았다. 겨우. 비로소.

고독의 리듬

파괴자

조심스럽게, 능란하게, 교묘하게
시간의 화살을 피하고
세월의 접근을 막았으나
걱정이 마음에 들어가자
하루만에 그녀는 늙어 버렸다

사랑을 잃으면

사랑을 잃으면 밤이 찾아온다
아침 햇살은 아직 빛나건만
하늘을 떠 가는 배 모양 구름은 보이지 않고
구름이 있던 자리에는
햇빛의 영광마저 사라진다

산마루에 감돌던 광휘도 사라지고
눈에 맺히는 경치는 아름답지 않네
사랑을 잃으면 보이는 모든 것이
활기를 잃고 처량하다

사랑은 인생을 화사하게, 단단하게 바꾸고
사랑은 떠날 때 슬픔을, 그늘을 남기고

유령처럼 윤기 없는 시간은 느릿하게 지나간다
　슬픔에 빠졌을 때 위안이 되는 생각은 우리 모두 죽는다는 것
　아, 사랑을 잃으면 무엇으로 보상받을 수 있을까?

인생의 상처들

지구가 둥글다는데
아무래도 지구는 네모난가 보다,
모서리에 부딪쳤는지 우리에게
여기저기 작은 상처가 많은 걸 보면.
서녘을 여행하며 내가 발견한
인생의 큰 진리 하나는
우리에게 가장 큰 상처를 입히는 이는
우리가 가장 사랑하는 사람이란 걸.

우리의 경멸을 사는 사람이
우리를 노엽게도 만든다.
모르는 이들을 봐도
모든 게 눈엣가시다.

누구에게나 틀림없는 법칙이지.
만신을 쑤시는 상처를 입히는 건
우리가 사랑하는 사람들의 손이라네.

남 앞에선 최고로 차려입고
최선의 품위를 보이는데
자신의 가족에게는
부주의하고 얼굴을 찌푸린다.
잘 모르는 사람에게는 발림말을 하고
스쳐 지나가는 손님에게는 미소지으면서
자신을 가장 사랑하는 사람들에게는
조솔한 말로 많은 상처를 입힌다.

사랑은 모든 나무에 자라지 않고
진실한 마음의 꽃은 매년 피지 않는다.
무덤에서 그 상처만을 보는 이에게
화가 있으리!
머지않아 슬픔의 시련이 찾아와
모든 이가 깨닫게 되리,
우리에게 가장 큰 상처를 입히는 이는
우리가 가장 사랑하는 사람이란 걸.

고독

웃어라, 그러면 세상이 너와 함께 웃는다
울어라, 그러면 너 혼자 울게 된다
이 후줄근한 세상은 근심거리가 차고 넘치지
그래서 어디선가 즐거움을 빌려야 한다

노래하라, 그러면 산천이 응답하지만
한숨을 쉬면 허공에 흩어진다
메아리는 즐거운 소리에 튀어 오르고
근심하는 소리에는 움추러든다

즐거워하라, 그러면 사람들이 너를 찾지만
탄식하면 오다가도 발길을 돌린다
그들은 너의 즐거움은 전부 나눠갖길 원하지만

너의 슬픔은 아무런 필요가 없다

기뻐하라, 그러면 친구가 많아지지만
슬퍼하면 있던 친구도 모두 잃는다
너의 달콤한 포도주를 마다할 사람은 없지만
인생의 쓴맛은 혼자 맛봐야 할 것이다

잔치를 열어라, 그러면 집안이 북적이지만
음식을 아끼면 세상은 너를 지나쳐 간다
성공하고 베풀어라, 그러면 살아가는 데 도움이 되지만
너의 죽음에는 아무도 도움이 되지 못한다

연회장에는 으스대는 자들을 위한
넓은 공간이 있지만
우리는 모두 하나 둘
고통의 좁은 회랑을 지나가야 한다

왜 죽은 여름을 한탄하는가

왜 죽은 여름을 한탄하는가—
　　　앞으로 올 여름을 생각하자
장미꽃은 여전히 아름답고 여전히 붉게
다시 피어나리니
　　　앞날을 내다봄은 언제나 유익하다.

왜 즐거웠던 지난날을 슬퍼해야만 하는가—
　　　즐거운 앞날을 내다보자
바닷가에는 새 물결이 밀어올린 새 조가비가 즐비하다
지금의 기쁨을 지난 것보다 더 소중히 여기고
　　　그때의 기쁨이 달아나면 웃고 말자

가 버린 사랑을 위해 죽는 것은 얼마나 어리석은가!

다가올 사랑을 위해 살아가자
시간은 쉬지 않고 흘러간다
바닷가가 물결이 밀려나갈 때마다 슬퍼한다면
　　얼마나 어리석은가

그러니 달아난 한 해를 노래하지도 말자—
　　소중한 추억을 들고 달아났을지라도
여름과 즐거움과 사랑이 죽은 듯하여도
사랑은 여전히 달콤하고 장미꽃은 여전히 붉으리
　　당신과 나를 위해 피어날 때면

길을 보여 달라

진실한 삶으로 가는 길을 보여 달라
비바람이 휘몰아쳐도 나는 개의치 않는다
투쟁할 용기가 솟아나고
힘이 없어지거나 모자라지 않으리니
내게 길을 보여 달라

육체가 정신의 노예가 되는 저 높은 곳,
그곳으로 올라가는 길을 보여 달라
비애나 고통의 물결이 사납게 내 인생을 덮쳐도
내가 가려는 목적지에 언젠가 이를 수만 있다면
나는 개의치 않는다
내게 길을 보여 달라

길을 보여 달라, 그러면 나는
슬퍼할 가치 없는 헛된 슬픔을 넘어
용감하게 그리로 올라갈 것이다
시간에서 위안을 찾는 모든 슬픔을 넘어—
작은 승리들과 나를 하찮게 만드는 즐거움을 넘어
그 모든 것들이 어린애의 장난처럼 보이는 저 높은 곳을 향하여
내게 길을 보여 달라

조용하고 완전한 평화에 이르는 길을 보여 달라
올바름을 아는 마음에서 샘솟는 그 평화에 이르는 길을
육체가 일으키는 모든 갈등이 해소되는 곳
자아가 영혼의 빛을 발하는 곳
그 여정과 투쟁이 힘들지라도
내게 길을 보여 달라

당신은 어느 쪽이죠?

오늘날 세상에는 두 부류가 있어요.
단 두 부류, 정말 둘뿐이죠.
성자와 죄인은 아니에요, 선인에게도 어둠이 있고
악인에게도 빛이 있다는 건 누구나 알죠.
부자와 빈자도 아니에요, 양심과 건강을 알아야
부자의 부(富)를 알 수 있으니까요.
교만한 자와 겸손한 자도 아니에요, 인생은 짧은데
허세를 부리는 자를 사람으로 칠 수는 없으니까요.
행복한 자와 슬픈 자도 아니에요, 쏜살같은 세월은
사람을 가리지 않고 웃음과 울음을 모두 가져다주니까요.

내가 말하는 두 부류는
들어올리는 사람과 기대는 사람이에요.

세상 어디를 가든 사람은 반드시
이 두 부류로 나뉘죠. 당신도 알게 되겠지만
이상하게도 세상에는 기대는 사람 스무 명에
들어올리는 사람 한 명꼴로 있어요.
당신은 어느 쪽이죠? 인생길을 가면서
타인의 무거운 짐을 덜어 주는 쪽인가요?
아니면 자신이 져야 할 일과 걱정과 근심을
다른 이에게 지우는 쪽인가요?

사랑의 언어

      사랑은 어떻게 말하냐고요?
마음을 감추지 못하여 발그레해진 얼굴로,
또 핏기 없는 얼굴로도 말하죠.
눈길 돌린 눈의 떨리는 눈꺼풀로—
부모가 보고 한숨짓게 하는 미소로—
      사랑은 그렇게 말해요.

      사랑은 어떻게 말하냐고요?
두근거리는 가슴으로,
맥박이 멈추고 아파하기도 하는 별난 모습으로 말하죠.
그때 나타난 새로운 감정은 낯선 거룻배처럼
혈관을 돌아다니며 불안감을 줘요.
새벽처럼 고요하게 새벽처럼 빠르게—

사랑은 그렇게 말해요.

　　사랑은 어떻게 말하냐고요?
도도하다가도 별안간 온순하게—
오만하다가도 겸손하게,
세상을 찬란하게 비추는 미지의 부드러운 빛으로,
다정한 눈빛으로, 모든 아름다운 것을 무시하고 애인의 얼굴을 찾는 모양으로,
수줍어 떨리는 손길로,
숨기려 해도 숨길 수 없는 표정과 입술로—
　　사랑은 그렇게 말해요.

　　사랑은 어떻게 말하냐고요?
사랑 앞에선 거친 말도 부끄러워 오그라들죠.
폭풍이 다가옴을 알리는 번갯불처럼
눈과 눈이 마주쳐 치솟는 불길로,
혼이 스민 깊은 침묵으로,
강렬한 기쁨의 나라와
아픔의 나라를 잇는
혈관을 고동치며 휩쓰는
따뜻한 열정의 혈류로,

광기가 환희에 녹는 포옹으로,
격렬하고 황홀한 키스로—
　　사랑은 그렇게 말해요.

어떻게 기다릴까

어떻게 기다릴까? 빠른 시간이 그땐
내 곁에 오래 머물지 않았지만
지금은 느긋이 꽃을 잔뜩 들고서
유유히 여름 꽃밭을 거닐며
내 노래에 관심도 두지 않아.
내가 어떻게 기다릴까?

어떻게 기다릴까? 홀로 보내는 밤은 친절하고
밤은 내일을 향해 손을 내밀고
내 머릿속을 채울 좋은 꿈을 가져다주지.
빛과 공기의 날개를 단 세월은 빨리 날아가고
나는 네 얼굴을 즐겨, 더 이상 노래는 부르지 않아.
어떻게 기다릴까?

어떻게 기다릴까? 나를 불쌍히 여기는 밤이
내 영혼에 건 주문을 아침이 깨뜨리네.
내 곁에 없는 너, 참고 참아야 하는 나.
나는 잘 알아, 우리의 만남은
몇 시간, 몇 날, 몇 주가 지나가야 해.
어떻게 기다릴까?

어떻게 기다릴까? 오, 내 사랑,
너무나 황량해 보이는 세상에서
태양 같은 네 눈빛이 비칠 때까지
어떻게 기다릴까?
네가 내 손을 움켜잡아 내 피가
포도주를 마신 듯 데워질 때까지,
내 사랑, 네가 다시 올 때까지
어떻게 기다릴까?

코뮤니스트처럼 미친듯이

내 피가 흐르는 강물처럼 잔잔할 때
가슴이 잠들고 머리가 지배할 때,
바로 그때 나는 영원히 헤어져야 한다고,
당신을 잊겠다고, 내 인생에서 지우겠다고 말해요.
잠에서 깨어나면
꿈이 기억나지 않듯이
마법이 사라지면 서로를 위해
그러는 게 낫다는 걸 나는 알아요.

이성이 마음의 법정을 다스리는 재판관일 때
우리가 헤어지는 게 낫다는 걸 나는 알아요.
하지만 사랑은 저 따뜻한 반역자 가슴과 결탁하여
모반을 꾀하는 스파이죠.

그들은 왕이 잔인하다고
폭정을 편다고, 그의 법은 죄악이라고 내게 속삭여요.
그러나 그들이 속삭이는 말은 전부
마음속에서 연기를 내는 불길에 기름을 부을 뿐이에요.

청춘의 열병과 광기의 정열에 몸부림치며
피가 폭동을 일으키듯 요동치는 이런 밤에는
머리가 가슴에게 조용히 하라고 해도 소용없고
가슴은 끓는 용암의 진원지 같아요.
오, 그건 당신이 몹시 그리워서예요.
그럴 때면 나는 저 별과 내 영혼 앞에 맹세하죠,
온 세상이 우리 사이를 가로막아도
당신을 끌어안고 키스를 퍼붓겠다고.

코뮤니스트처럼 미친 듯이 반란하는
내 감정이 맹수처럼 우리에서 나와 어슬렁거려요.
 이 감정은 이성이라는 이름의 왕이 충성스럽다고 증오하죠—
 이 감정은 성채를 불살라 왕을 산 채로 불사를 거예요.
 오, 사랑하는 그대여! 이 감정은 억누를 수 없는 반란을 일으키고 당신을 으깨 죽일 듯이 꼭 껴안을 거예요.
내 영혼 속에서 날뛰는 이 거친 전쟁이
저 멀리에서도 당신의 피를 끓게 해요?

여자의 운명

영혼의 풍요를 한 남자에게 헛되이 쓰는 건
공통된 운명—여자의 운명—이죠
남자는 그 풍요를 가져가지만
전부는커녕 이자도 갚지 못해요

내 애정 어린 시선과 손길에
어떻게 반응하는지 당신의 눈을 들여다보니
지나치게 사랑하는 운명보다 더 슬픈 운명은
세상에 없다는 생각이 들어요.

당신은 상냥하잖아요? 그래요, 무척 상냥하죠—
내가 편안하게 세심히 신경을 쓰고 진실하죠
그래요, 그래요, 내 사랑. 하지만 눈이 멀지 않은 나는 사랑하는 만큼 사랑받지 못한다는 걸 알아요.

조금만 더 다정한 말을 해도, 조금만 더 키스를 해도
음악과 노래가 내 영혼을 채우죠. 하지만
당신의 정신이 딴 데 가 있는 듯하거나
당신의 음성에 마음이 느껴지지 않으면
내 삶은 엉망이 되어 버려요

무정한 말에 눈물을 보이면
당신은 내가 어리다고, 약하다고 생각하죠
당신의 말은 무엇이든 내 연약한 마음을
깊숙이 흩뜨리는 힘이 있다는 걸 당신은 알지 못해요

나도 어쩔 수가 없어요—
당신을 숭배하면서도
무심한 체하고 싶어요
당신을 덜 사랑하는 듯하면
당신은 필시 나를 그만큼 더 사랑할 테니까요.

그토록 세상의 칭송을 받는 일편단심은
통탄할 자질이에요. 일편단심은

잔인하게 고통받기 쉽고
변덕스러운 사람은 더 깊은 사랑을 받으니까요.

모래성

우정 위에 서지 않은 사랑은 전부
모래성과 같다네
세상 어떤 성에 못지않게 외벽을 장식하여도
그 위에 높은 탑이 우아하게 솟아 있어도
능숙한 장인들이 온통
아름다운 무늬로 장식하고
후미진 곳마다 빛나는 조각을 세워도
꽃이 무성한 곳마다 분수가 물을 뿜어도

갑자기 찌푸린 동쪽 하늘에서
불운의 돌풍이 들이닥치거나
슬픔의 비가 그 모래 벽을 때리면
보라!

그 아름다운 탑은 흙더미가 된다네
인생의 슬픔과 세상의 고통을 이기려면
사랑은 바위 같은 우정 위에 서야 한다네

새것과 옛것

시인들은 오랜 세월 시를 써서
지난 시대와 옛 애인과 오랜 우정과 포도주를 노래했지.
옛것이 찬가를 독점하라는 법이 어디 있지?
나는 새것을 찬미하는 노래를 불러야지.

옛 친구의 우정이 약해지고 어두운 시간을 지나가는 내가 곤궁해졌을 때
나는 새 친구를 원해, 강한 새 친구를.
구멍난 배와 함께 침몰하거나
갈대에 몸을 기댈 수는 없잖아?

옛것이 우아하지도 아름답지도 않을 때,
내 발 앞에 떨어져 장미꽃처럼 시들 때,

불 꺼진 난로처럼 식어갈 때,
가슴 뛰는 달콤하고 다정한 새 사랑이 나는 필요해.

무거운 짐을 지고 눈물로 얼룩진 지난날을 뒤로 하고
순풍의 격려와 마음이 밝아지는 새 앞날이 나는 필요해.
하지만 볕드는 지금 이 시간이 훨씬 더 소중해,
나는 이 순간을 찬미해.

믿던 것들이 닳고 닳아 누더기가 된 지난날은
커 가는 내 마음에 입히기엔 너무 작아.
섬세하고 튼튼한 새 옷을 지어 입혀야지,
아름답고 매력 있는 모자람 없는 옷을!

마지막까지

뜨거운 숨으로 내 영혼을 그을린
무용한 정열의 창백한 목을
나는 죽일 듯이 잡아
가까이 끌어당겼어.
왜냐고? 공허한 절망만 보여준 사랑을
왜 되살리려 기름을 붓고 부채질을 해야 할까?
나는 그 목을 꽉 잡았어, 잔인할 정도로 단단히—
그때 그 자리에서 정열의 목을 졸라 죽일 생각이었어!

그리고 죽은 줄 알았던 정열이
지난밤 느닷없이 무덤에서 나오더니
날이 밝도록 침대 옆에서 그대로
너의 이름을 되풀이했어.

정열의 목에는 내 손자국이 벌겠고
나는 그 뜨거운 숨결에 이마가 그을렸지.
그 순간 나는 말했어
"이런 사랑은 죽음을 모른다"라고.

잃어버린 아름다운 지난날
너의 입술이 준 한 번의 키스를
천국을 향한 소망과도
영생의 희열과도 맞바꿀 수 있어.
낙원의 천사들이 내게 선사할 기쁨은
네 품에 안겨 사랑으로 빛나는
네 눈을 보는 기쁨만 못할 거야.

나는 알아, 내 죄가 낱낱이 하늘에 기록된다면
내가 품은 이 생각은 씻을 수 없는 죄라는 것을.
하지만 이 또한 알아, 천국의 보좌 옆
천사가 나더러 손짓하더라도,
네가 지옥의 문 앞에서
사랑의 두 팔을 펼친다면
나는 잠시라도 네 품에 안기려
천상의 복에 등을 돌리리란 것을.

너는 온전히 내것이란 걸
내가 잠시만이라도 알 수 있다면—
너의 온 마음과 몸이 내것이라는 걸, 내것이란 걸—
나는 끝없는 고문도 달게 견딜 텐데,
불평도 신음도 하지 않고서.
사사한 죄나 소소한 잘못은
신을 바라고 경외하면 고칠 수 있을지라도
어떤 두려움도, 지옥의 공포마저
내 사랑하는 마음을 바꾸어 놓을 수는 없어.

너는 나를 잊겠지

너는 나를 잊겠지. 세월은 친절하니까
깊숙한 상처도 세월은 감싸 주니까
태양이 눈을 감으면 찬란한 하늘빛이 사라지듯이
우리의 청춘에 깃든 꿈도 사라지겠지
망각의 구름은 장밋빛의 흔적마저
샅샅이 어디론가 내쫓겠지
평생 없어지지 않을 듯한 상처도
시간의 손가락이 엮은 화환이 가려 주겠지

너는 나를 잊겠지. 네가 가장 탐내는 이득은
머잖아 하찮아 보일 거야
그게 진실인지 아닌지 증명하느라 소홀했던 마음은
네가 보기에도 가치가 없을 거야.

지금 한 방울만 더 보태면
네 인생의 잔이 가득 찰 듯해도
머잖아 먼지에 불과할 거야
그리고 네 마음의 회랑에 출몰하는 유령은
꿈과 함께 퇴장하겠지

너는 나를 잊겠지. 마음을 후빈다지만
내 말을 고맙게 여길 거야
시간은 새 노래를 좋아하지. 시간이 부르는 애도가는
머잖아 활기찬 노래가 될 거야
나는 네 인생에서 이탈할 테지—영원히 퇴장할 거야
우리가 보낸 시간은 과거 속으로 침잠하겠지
청춘은 자신을 매장하기 마련이지만 슬픔은 절대로 죽지 않아—
그리고 망각이 결국 모든 슬픔을 덮어 주지

마음에 창을

당신의 마음에 창을 많이 내세요,
그래야 우주의 영광이 당신의 마음을
아름답게 비출 수 있어요.
초라한 신념의 작은 창 하나만으로는
무수한 광원이 내는 눈부신 빛을 받을 수 없어요.
미신의 커튼을 떼어 버려요,
진리만큼 넓고 창조주만큼 높은
아름다운 창문으로 빛이 쏟아져 들어오게 하세요.

우리는 왜 성직자가 드리운 커튼의 작은 틈으로
우리의 영혼을 들여다보고 의심의 어둑한 회랑을 더듬어야 하죠?
깊이를 알 수 없는 바다가 내는 광휘가

우리의 영혼을 사랑의 금빛 물결로 적실지 모르는데요.
부패한 믿음의 조각들을 쓸어 담고
닳아빠진 신념의 거미줄을 걷어 내고
당신의 마음을 활짝 열어
이성과 지식의 빛을 안으로 들여요.
별들이 들려주는 말 없는 노래와
자연의 목소리에 귀를 기울여요, 그러면
당신의 마음은 식물이 해를 바라보듯이
진리와 선을 향할 거예요.
보이지 않는 수많은 손길이 하늘에서 내려와
당신을 저 높이 평온의 왕관으로 인도할 거예요.
그러면 하늘이 모든 힘을 합해
당신의 힘을 북돋아 줄 거예요.
반쪽 진실을 옆으로 밀어버리길 두려워 말고
완전한 진리를 붙들어요.

아름다운 도취의 나라로

오라, 그대여, 내게 기대라,
너의 금빛 머리를 내 어깨에,
그리고 우리 함께 배를 타고 떠나자,
아름다운 도취의 나라로.
허둥지둥대는 삶과 혼란과 걱정에서 벗어나
이 세상 그늘과 슬픔에서 벗어나
날씨 좋은 세상으로,
사철 장미가 만발한 곳으로
우리 함께 배를 타고 떠나자.

눈을 감고 두 손을 모아 보라,
장미 꽃잎 같은 손을.
그리고 우리 함께 저 아름다운 나라로,

지도에 없는 저 나라로 배를 타고 떠나자.
북쪽과 서쪽에는 섬의 나라가 있고
남쪽과 동쪽에는 꿈의 나라가 있다,
모든 것이며 아무것도 아닌
피안의 세계가.

네 소중한 눈의 커튼을 내려라,
초롱꽃 같은 너의 영롱한 눈.
별빛 찬란한 하늘 아래 배를 타고 떠나자,
요정이 산다는 나라로 떠나자.
아무도 보지 못했지만 모두가 간 적 있는
신비의 섬에 닿을 때까지
우리의 배는 강을 따라 흘러가
그 섬에서 한동안 머물리라.
신의 축복을 받은 저 나라에 닿을 때까지
둥실둥실 배를 타고 나는 조용히 노래를 부르리.
그러니 자! 저 아름다운 나라를 향하여,
저 진기한 나라를 향하여 우리 떠나자,
저 아름다운 도취의 나라로.

나는 가치가 있다

내가 추구하는 이상에 이르지 못할지 모른다
아직 확실하지 않은 내 힘은 나를 저버릴지 모른다
아니면, 산중턱쯤 올랐을 때
사나운 비바람이 불어닥칠지 모른다
그곳에 이르지 못할지라도
나의 고통에 대한 위안은 바로 이 말일 것이다—
나는 가치가 있다

아무리 열심히 일해도
성공의 환희를 맛보지 못할지 모른다
내 이웃의 노력에는 베풀어지는 열매를
나는 가지지 못할지 모른다
하지만 내 목표에 도달하지 못할지라도

이 생각은 항상 나를 떠나지 않을 것이다—
나는 가치가 있다

사랑의 빛이 발하는 금빛 영광은
내가 가는 길을 비추지 않을지 모른다
인적 끊긴 골목길을
밤에만 다녀야 할지 모른다
하지만 인생의 낙을 놓칠지라도
이 말에는 형언할 수 없는 힘이 있다—
나는 가치가 있다

단 한 번

한 해에 유월은 단 한 번 뿐이라네, 친구여
한 해에 유월은 단 한 번 뿐이야
그 완벽한 달이 지나면
울새의 크고 긴 노랫소리는
가락이 잘 맞지 않는 것 같아

붉은 얼굴이 여전한 장미꽃은
벌과 새의 눈에 띄어도
미묘히 우아한 모습은 이제 없지—
장미꽃을 정원의 여왕으로 만드는
그 형언할 수 없는 매력을 바람은 알지

인생의 완벽한 유월, 사랑의 붉디붉은 장미꽃

나를 위해 불타듯 피어났지
청춘의 여름 햇빛은 아직 빛나지만
친구여, 너는 상냥하지만, 나는
나는 네게 줄 마음이 없어

포기

우리 처음 만난 날, 사랑은 두 행성의 만남이었다.
뒤따른 이상한 혼돈, 뒤흔들리고 짜릿한 몸과 영혼과 마음,
그때까지의 모든 인연과 오래전 꿈들과 목표들,
그 모든 게 다 떨어져 나가고
그 자리에 남은 건 네 미소가 주는 빛나는 영광뿐.

나는 과거를 알 수 없었지. 흐릿해 보이는 불모지였으니까.
나는 미래를 청하지 않았지. 쳐다보지 못할 만큼 눈부셨으니까.
나는 현재만 바라봤지. 사람들이 포도주로 활기를 얻고
세상 모든 근심을 잊듯이

나는 사랑이라는 묘약을 먹었지. 그러자
이상한 나라에 온 건가, 꿈을 꾸는 듯했어.

신과 세상이 분리된 것처럼 나도
세상과 분리되어 어떤 아름다운 나라에 있는 듯했지.
나는 어떤 의지도 목적도 저항도 품지 않고
당신만을 영원히 사랑한다는 것만 알았어.
이 세상은 이국처럼 멀었고
우리 둘은 별나라의 군주였지.

나는 의심했어,
그 모든 세월 내가 살아 있었나 하고.
그 세월을 지워 버리면 좋겠지?
우리가 사랑의 전율로 서로를 끌어안기 전에도
이 세상이 존재했다는 걸 잊었으면 좋겠지?

그 한 번의 첫 키스에
내 마음은 가장 깊은 곳까지 떨었어.
냉정한 이성은 팔짱을 끼며 옆으로 물러서고
멋진 사랑이 내 영혼의 비밀방에 들어와 머물렀지.
그곳의 대 제사장, 나의 첫 사랑이자 마지막 사랑은

나의 지난날을 모조리 제단에서 태워 버렸지.

그리하여 나는 평생 그 제단에
절정의 감정들을 바친다,
재능이든 매력이든 전부 다.
감추는 생각도 없고 간직하는 기억도 없어.
내 소중한 사랑에게 전부 바치니까.
나는 모든 것을 완전히 포기하니까.

인생은 그런 법

세상 어디를 가나 인생은 그런 법
누군가는 사랑 받고 누군가는 사랑하고
누군가는 주고 누군가는 받고
누군가는 격정에 사로잡혀 아낌없이 모든 걸 주고
누군가는 미소 하나로 평생의 헌신을 얻고
누군가는 희망하고 누군가는 믿고
누군가는 뜬눈으로 눈물짓고
누군가는 달콤한 잠의 물결에 둥실거리고

누군가는 신의 열정으로 마음이 불타오르고
누군가는 빈둥대고 사랑을 가지고 장난치고
누군가는 말하고 누군가는 듣고
누군가는 "사랑해"라며 눈물 흘리고

누군가는 잔웃음 지으며 "알아"라고 말하고
누군가는 울고 누군가는 웃고
누군가는 오직 누군가를 위해 살고
누군가는 세상은 넓다는 걸 새기며 살고

슬픈 세상 어디를 가나 인생은 그런 법
애인은 상대방의 마음을 아프게 하고도
그것을 잊는 법을 터득하지
"끝없이 슬퍼하는 게 무슨 소용이지?
해는 질지언정 내일 다시 떠오르고
인생은 아직 끝나지 않았는데."
아! 나는 무엇보다 이 진리를 알고 있다
뜨거운 사랑은 고통의 어머니란 걸

남자에게 마음이 있는 한

남자에게 바라보는 눈이 있는 한
남자에게 눈이 있는 한
아름다운 광경은 그들의 감각에
잔잔한 바다에 큰 물결을 일으키는
강풍과도 같지
아름다움이 짓는 미소는
탱탱한 꽃봉오리를 터뜨리는 햇볕처럼
청춘의 뜨거운 피를 휘젓지
남자에게 바라보는 눈이 있는 한

남자에게 칭찬의 언어가 있는 한
남자에게 언어가 있는 한
그들은 노래하는 작은 새처럼

사랑과 쾌락이 포근한 둥지를 트는
완미한 가슴을 묘사하겠지
아름다운 팔다리와 관능의 불을 당기는 입술은
수많은 서정시의 주제가 되겠지
남자에게 칭찬할 언어가 있는 한

남자에게 집을 그리워하는 마음이 있는 한
남자에게 마음이 있는 한
모든 아름다운 예술을 넘어서는
고결한 여인의 가치를 사랑하는 타고난 마음은
땅 속에 감춰진 도토리처럼
욕망의 관능적 전류를 싹 틔우고
세상에서 가장 훌륭한 생각을 드높일 테지
남자에게 집을 그리는 마음이 있는 한

많이 사랑하라

많이 사랑하라. 세상은 쓴맛으로 넘치니까
기회 있을 때마다 단것을 넣으라
아무리 굳은 마음이라도 결국 사랑이 이긴다
사랑은 인간의 숭고하고 원초적인 이상이다
미움은 시초의 위대한 섭리와는 관계가 없다

많이 사랑하라. 너의 마음이
시샘과 속임으로 쌓은 제단으로 인도되어 도살되지 않으려면
끊임없이 사랑하라. 끊임없이! 위험을 무릅쓰더라도
사랑이, 꾸밈이 없는 사랑이,
천상의 달콤함을 지닌 사랑이 당신의 발 앞에 놓이리니

많이 사랑하라, 너의 믿음이 힘을 잃고 흔들리며
너의 신뢰가 솔깃하고 부정한 유혹에 배반당하지 않으려면
믿음을 복구하고 새로운 신뢰를 일깨우라
구름에 가릴지라도 신뢰의 별은 순수하다
사랑은 생명력이니 지속되어야 한다

많이 사랑하라, 차가운 의심은 영혼을 수축시키고
따뜻한 사랑은 영혼을 확장시킨다
인류를 낮은 곳에서 숭고하고 높은 곳으로 끌어올리는 건 신조가 아니라 사랑이다
세상이 그걸 알고 이해할 수 있다면 얼마나 좋을까!

많이 사랑하라, 사랑은 아낌없이 주어도 낭비되지 않는다
받는 자보다 주는 자는 더 큰 복이 있나니
많이 사랑하는 사람만이 인생은 살아낼 가치가 있다는 걸 안다
끊임없이 사랑하라, 의심과 어둠의 시간을 지날지라도
그리고 믿으라, 사랑으로 이루지 못할 일은 없다는 것을

우리 둘 중 하나는

곧 날이 밝을 것이다, 그리고 우리 둘 중 하나는
      말 없는 목소리에 부질없이 귀를 기울일 것이다
아침은 사라져 가고 낮은 창백해지고 그늘은 짙어지는데
      슬픈 눈(目)은 오지 않는 발걸음을 가만히 기다린다

우리 둘 중 하나는 언젠가는 홀로
      아픔이 더 날카로워지는 자신을 마주해야 한다.
이 달콤한 날들은 여름날 새벽의 꿈처럼
      비오는 밤 멀리서 반짝일 것이다

우리 둘 중 하나는 상심의 고통에 시달리고
      뜨겁게 눈물 흘리며 오래 간직한 편지들을 꺼내 읽고
소중한 추억을 하나하나 괴로움에 떠는 입술로 키스할

것이다
　　사랑의 왕관을 썼던 향기로운 그 시절을 말해 주는 그 추억을

　우리 둘 중 하나는 이 세상 모든 빛과 아름다움과 기쁨에서
　　지난날을 보고 영원한 이야기를 발견하리라
　그러면 의리가 인생의 전부임을 알게 되리라
　　오, 하나님! 오, 하나님! 그 한 사람을 불쌍히 여기소서

기도의 응답

부를 바라는 기도를 했더니 성공을 이루었다
    내 손이 닿는 것마다 금이 되었다
그러나 아! 내 바람이 실현되었을 때
    걱정근심은 마음의 평화보다 더 컸다

영광을 바라는 기도를 했더니
    귀여운 아이들이며 백발의 노인들이 내 이름을 찬미했다
그러나 아! 그 상처―명성에 상처가 따랐고
    나는 행복하지 않았다

사랑을 바라는 기도를 했더니 그 염원이 이루어졌다
    전율하는 몸과 마음과 생각을

정염의 불길이 휩쓸었고
    그 자리에 상처만이 남았다

스스로 만족할 줄 아는 마음을 바라는 기도를 했더니
    어두웠던 마음에 마침내 큰 빛이 들어왔다
큰 평화가 나를 덮었고 큰 힘도 생겼다—
    아, 처음부터 이 기도를 했더라면 얼마나 좋았을까!

은밀한 생각

생각에는 몸통과 날개가 달렸다는데
나는 그 말이 진실이라고 생각한다
우리는 생각을 세상에 내보내고
그것은 좋은 결과나 나쁜 결과를 낳는다

우리가 은밀하게 품은 생각도
지구 끝까지 질주해 가고
지나가는 곳마다 발자국처럼
축복이나 고통의 씨앗을 남긴다

신의 섭리가 그러하다
감히 알고 지낼 체도 못하던 생각과 함께
조용한 방 홀로 앉아 있을 때

생각과 친구가 될 때 그 점을 기억하라

생각에는 생명이 있다. 생각은 날아다니다
이윽고 어디엔가 흔적을 남긴다
습지에서 불어오는 바람이
집집마다 악취를 불어넣듯이

우리가 집을 나간 생각보다 커지거나
그 생각의 존재를 잊어버린 후에라도
그것은 흰비둘기나 까마귀가 되어
우리에게 돌아와 둥지를 튼다

그러니 은밀한 생각이라도 올바른 것이 되게 하라
그 생각은 세상을 만들고 운명을 빚는 일에 참여하여
중요한 역할을 할 것이다—
신의 섭리는 얽히고 설켜 있다

누구에게나 찾아오는 때

신분이 어떻든 운명이 어떻든
    인간이라면 누구에게나 찾아오는 때가 있다
그것은 영혼이 슬픔에 잠겨 이 모든 소란과 투쟁에서
    완전히 벗어나길 갈망하는 때이다

재산은 맛을 잃어 아무런 쓸모가 없고
    세상의 변덕스러운 호의에는 넌더리가 나고
스스로 구할 수 없는 것을 바라며
    한숨짓는 때가 누구에게나 온다

이 세상 가는 곳마다 상냥한 친구들이
    호의를 가지고 몰려들어도
이름 모를 무언가를 갈망하는 마음이

    너무 크고 압도적일 때가 온다

우리에게서 나오는 최선의 사랑으로
    마음의 갈증과 욕망을 채운다 해도
만족할 수 없음을 알게 될 때가 온다
    영혼은 무언가 더 숭고한 것을 달라고 외친다

그 외침은 우리가 다른 세상에서
    영원한 삶을 이어갈지 모른다는 것에 대한 암시가
아닐까?
    그것은 이곳에서 만족을 찾지 못하고
        내세를 그리는 영혼의 갈망이다

그게 무엇이든—그때는 그것이 최선이라네

인생은 나이를 먹고
내 눈은 더 맑아진다—
모든 순전한 그름에는
옳음의 뿌리가 묻혀 있고,
모든 슬픔에는 저마다 의미가 있고
슬픈 때가 헤아릴 수 없이 많을지라도
태양이 아침을 부르듯 나는 안다
그게 무엇이든—그때는 그게 최선이란 것을

모든 악행은 언제 어디선가
비록 그때가 더딜지라도
밤이 어둠을 부르듯 반드시
응징된다는 것을 나는 안다

성장에는 고통이 따르듯
불안은 때론 영혼의 양식이 되고—
그게 무엇이든—그때는 그게 최선이란 것을

영원의 큰 그림에
실수는 결코 없고
모든 것이 합하여 결국
선을 이룬다는 것을 나는 안다
또한 내 영혼이 전진하며
영원을 찾고자 여행할 때
이승을 뒤돌아보며 말할 것이다
그게 무엇이든—그때는 그게 최선이라고

유령들

상처 입은 마음을 안고 고독 속에
      홀로 앉아 있는 이 밤은 얼마나 괴로운가
세상에 알려지지 않은 슬픔이 갑자기
      소리 없이 침입하는 이 밤은

손님들이 떠나고 불빛이 어둑해졌을 때
      홀로 방에 앉아 있노라면
밤의 어둠처럼 소리 없이
      과거에서 비애의 유령이 나를 찾아온다

섬뜩한 어둠과 시커먼 그림자 가운데서
      나를 똑바로 쳐다보는 그것이 보인다. 나는 말 없이 절망한다

그것은 미끄러지듯 방을 가로질러 다가와
　　　내가 앉아 있는 의자 옆에 선다

그것의 생김새나 이름을 밝힐 필요가 있을까?
　　　빛이 안 닿는 곳에 숨겨야 할 비밀이 있다면
죄이든 슬픔이든 비애이든 수치이든
　　　누구도 그것을 밤에 보고 싶지 않을 것이다

그래도 누구에게나 그것이 온다. 죽음처럼 어김없이
　　　모든 고통을 끝내는 죽음보다 더 잔인하게
고독한 밤, 우리는 차가운 숨결을 느끼고
　　　우리가 죽였다고 여기던 그것을 마주한다

가슴이 철렁하게 우리는 그 끔찍한 몰골을 바라본다
　　　공포에 질려 그 두 눈을 똑바로 바라보고
무덤이 우리를 감싸기 전에는
　　　탈출구가 전혀 없다는 것을 알게 된다

소용돌이치는 세상의 혼란 속으로 들어가
　　　그곳에 고통을 집어던지고 그것을 없앴다고 생각
하지만

빙빙 어지러이 물결치는 파도에 던졌어도
　그것은 힘센 팔을 뻗어 뭍으로 헤엄쳐 나온다

매장

오늘 나는 죽은 나를 묻었다
    수의도 없고 관도 없고 관보도 없고
기도도 없고 눈물도 없었다—
    사진을 벽 쪽으로 돌렸을 뿐이다

오랜 세월 줄곧 내 방에 걸려 있던 사진
    내 청춘이 남긴 유물
사진 속 진지하고 진실한 눈동자는
    사랑의 장미가 지지 않게 해 주었지

아무도 방해하지 못할 때면
    나는 사진 속 얼굴의 웃음에서 위안을 얻었지
고독의 말없는 동반자

　　　　내 영혼은 사진 속 얼굴과 감미롭게 교감했지

꿈에서 깨어남이 모두의 운명이라지만
　　　나는 다시 잠시나마 선명히 그 꿈 속에서 살았다
이 사진에서 나는 무궁한 위안을 얻어
　　　조금이라도 쓸쓸함을 덜 수 있었는데

그런데 오늘 우연히 본 신문은
　　　청승맞으나마 내게 위안을 주던 것을 앗아갔다
결혼을 알리는 기사에
　　　내 영혼은 외톨이가 되었다

눈을 내려뜬 나는 얼굴이 뜨거워졌고
　　　사진을 텅 빈 어둑한 벽 쪽으로 돌려 놓았다
웃고 있는 사진 속 모습을 그대로 두었더라면
　　　내 영혼은 수치심에 죽었을 것이다

다른 여자의 남편. 그러니 친구여
　　　나의 위안이여 과거의 유일한 유물이여
나는 너를 묻어 버리고 외로이 종말을 추구한다
　　　결국 나이는 재빨리 내게서 청춘을 앗아갔다

내가 울 수만 있다면

    내가 울 수만 있다면
짠 눈물 뒤에 단 위안이 있을 텐데
말할 수 없고 잠 못 이루는
           이 잔인한 고통을 누그러뜨릴 텐데

    마음속 깊디깊은 곳에서 불타는
독화살이 빠질 텐데
그러면 분명 눈물이 그 자리를 씻어 줄 텐데
      내가 울 수만 있다면

    이토록 흐릿하게 죽은 듯 뛰던
맥박이 약동하고
지난날 짜릿한 기분이 되살아날지도 모르는데

내가 울 수만 있다면

오, 지난 세월 우리를 단맛과 쓴맛으로 적시던
말없는 운명의 여신들이여
원하는 건 다 가져가오, 하지만 내 눈물만은 돌려 주오
내가 울 수 있게, 울 수 있게 해주오

깊이 잠수한다면

바닷가에 다시 섰다. (잠시뿐인 우정처럼)
　　　머리 위 구름은 계속 위치를 달리해도
내 앞의 바다는 진실한 친구처럼 변함이 없었다
　　　아, 그렇게 세월은 흐르고
　　　　　그렇게 여름은 지나가고

저 하늘 구름은 쉼없이 움직이고 발 아래 모래가 움직여도
　　　이상하게 생각할 필요가 없거늘
여름이 지나가듯이
　　　사람의 마음이 변하는 것을
　　　　　왜 서러워하고 의아하게 여기는가

우리가 함께 거닐던 길

한여름 달빛이 비치고 있었지
　　그녀의 사랑은 감미로운 여름날 같았는데
　　　이내 우리를 떠나고 말았지
　　　　　해마다 속절없이 흘러가는 여름처럼

　　저 멀리 헤엄치는 사람들의 웃음소리
　　　깊이 잠수하여
　　떠오르지 않는다면―잃어버린 것들로 괴로워하거나
　　　상념에 잠기거나 울 필요가 없이
　　　사람들이 헤엄치며 지나다녀도 나는 물속 깊이 가
라앉아
　　　잠들 수 있다면

아무래도 상관없다

내가 가는 길이 어떤 이상한 길로 이어지든
     이젠 별로 중요하지 않아
그건 네게서 멀어지는 길임을 알기에
     어떤 길이든 상관없어

평온하든 갈등하든
     흥하든 쇠하든 괜찮아
평생 단 하나 큰 열망을 품었는데
     그것이 거부되었으니

내가 서 있든 쓰러지든
     고관과 함께하든 민중과 있든 상관없어
인생의 고귀한 목적과 야망의 중심은

너의 웃음이었으니까

세상 사람들이 무슨 말을 해도 상관없어
　　　비난이든 칭찬이든 아무런 관심이 없어
내가 아는 건 오직 우리가 오늘 떨어져 있고
　　　그런 날이 끝없이 이어지리란 사실이지

그래도 상관없어. 안면하지 못하는 내 마음은
　　　슬픔에도 즐거움에도 무감하지
우리가 서로 멀어지고 있음이 분명하니
　　　무엇이 어찌되든 아무래도 상관없어

용기

가는 길이 어둡거나 밝거나
　　내 영혼은 그 길을 가며 노래하리
찬란한 새벽 빛을 받으며 노래했듯이
　　깊은 밤에도 즐거이 노래하리

아무것도 나를 짓밟지도 침묵하지도 못하게 하리
　　마음은 고개를 숙여도 영혼은 날아오르리
노래가 날개를 퍼덕이며 높이 더 높이
　　종달새가 되어 하늘의 바다에서 헤엄치리

청춘이 시들지라도, 사랑이 식을지라도
　　친구들이 배신할지라도, 희망이 꺾일지라도
태양은 금빛 물결을 헤치며 나아가고

영광스러운 별들은 밤하늘에 반짝이리

이 세상의 기쁨이 평생 나를 비켜 갈지라도
   온 세상을 빼앗긴 채 홀로 서 있을지라도
새벽은 보랏빛 자수정처럼 빛을 발할 것이며
   바다가 남아 있는 한 나는 슬퍼할 수 없으리

나는 웅대한 전체의 일부이며
   생사(生死) 사슬의 일부이니까
우주 중심의 섭리 아래
   사랑과 믿음의 용기를 품은 나는 강하니까

발견

발견—넓은 세상의 시장에 들어가
　　　금과 쾌락을 찾아 돌진하던 나는 별안간
내 가슴에 열정으로 고동치는
　　　인간적인 마음이 있음을 발견했다

누가 그런 말을 하면 늘 웃곤 했지
　　　내 마음에는 아무런 감정도 일지 않고
내 삶은 이지가 주관한다고
　　　의기양양하게 큰 소리로 말하곤 했지

나는 내 힘을 의식하며 오만했지
　　　"승리는 의지의 문제이지 마음의 문제가 아니다"
라면서

하지만 언젠가 슬픔에 잠긴 이상한 시간에 문득
　　의지가 사라진 것을 알았지

가슴은 불타는 듯하고
　　강한 마음은 높이 부상하는 듯했지
포도주 같은 강렬하고 달콤한 꿈에 취해
　　욕망으로 괴로워했지

희망과 두려움과 의심에 흔들리고
　　사랑의 불안이 부르는 열병으로 미친 듯했던 나는
하나님이 내게서 그걸 뽑아 주었으면 했지—
　　새로 발견한 이 마음을

밀물과 썰물

당신이 조수에 던지는 것이 쓰레기가 아닌지 주의하라
그것은 썰물에 밀려나가 시야에서 사라질지라도
밤이 되기 전에 도로 밀물에 실려 들어와
당신의 집 문 앞에 놓일지 모른다
당신이 조수에 던지는 것이 쓰레기가 아닌지 주의하라

당신이 인생의 바다에 던지는 것이 어리석음이 아닌지 주의하라
어리석은 짓들은 썰물에 실려 멀리 떠내려갈지라도
인과응보의 밀물에 도로 실려 들어와
원치 않는 날 당신의 집 문 앞에 던져질지 모른다
당신이 청춘의 바다에 던지는 것이 어리석음이 아닌지 주의하라

빨강 카네이션

언젠가 이상향의 아름다운 정자에서
      빛을 발하며 영원히 사는 이들이 만났다,
그곳을 에덴동산으로 만들어 주는
      꽃들 가운데서 둘만의 상징을 고르기 위해.

희망의 눈을 가진 성실이
      홀로 그 정원으로 내려가
헬리오트로프의 잔가지들을 주워
      자신이 사는 곳에 가져가 한아름씩 놓았다.

진정한 우정은 푸른 담쟁이덩굴을 뽑았다,
      언제나 신선하고 언제나 고운 담쟁이덩굴.
경박한 모습을 한 변덕은

시드는 앵초꽃으로 옷을 삼았다.

사랑이 장미 앞에 멈추었다.
    하지만 아름다움은 장미를 꺾어 머리에 꽂았다.
사랑이 한숨 쉬며 정원을 거닐었지만
    자신에게 맞는 상징을 찾지 못했다.

그런 뒤 사랑은 불꽃을 보았다.
    큰불이 곧 꽃으로 바뀌었다.
그 꽃은 아름답기로나 향기로나
    장미마저 부끄럽게 했다.

사랑은 꽃을 바라보았고 꽃은 시들지 않았다.
    사랑이 그 꽃을 땄고 꽃은 색이 더 선명해졌다,
추위에도 더위에도 기가 꺾이지 않았다,
    향기와 빛깔도 변하지 않았다.

"죽지 않는 사랑과 정열이 여기에 잠들어 있다."
    사랑이 소리쳤다. "이 꽃에 담겨 있다.
이것이 내가 간직할 상징이야."
사랑은 그때부터 카네이션 옷을 입었다.

왜

다정했던 눈이
왜 다른 데를 바라보죠?
우리의 소중한 사랑의 광채가
왜 흐려졌죠?
늦도록 타오르던 입술이
왜 붉지 않죠?
몰라요, 나는 몰라요,
그렇다는 것만 알아요.

내가 얼굴에 키스하는데
왜 당신은 떨림이 없죠?
우리는 서로 생각을 말하곤 했는데
왜 지금은 숨기죠?

술술 나오던 다정한 말이
왜 지금은 그렇지 않죠?
몰라요, 나는 몰라요,
그렇다는 것만 알아요.

늦도록 땅과 하늘을 밝히던
정열을 잃은 건가요?
사랑은 그런 식으로
죽는 건가요?
사랑의 환희가 불타오르는 것을
다시 볼 수 없나요?
그런 기대는 없어요, 내 사랑, 그런 기대는—
그렇지만 그럴 수 있을지도 모르죠.

만일 내가

만일 내가 빗방울이라면, 당신은 나뭇잎,
    저 하늘 구름에서 터져 나와
당신 품에 떨어져 환희의 휴식을 취하며
    당신을 사랑하고, 사랑하고, 사랑하겠어요.

만일 내가 꿀벌이라면, 당신은 장미꽃,
    당신에게 날아가, 당신을 놓치지 않고 사랑하겠어요.
    당신의 입술에서 조금씩 꿀을 빨겠어요,
    당신에게 키스하고, 키스하고, 키스하겠어요.

만일 내가 사슴이라면, 당신은 시냇물,
    아, 그러면 내가 무얼 할 것 같아요?

시냇가 촉촉한 풀 위에서 무릎을 꿇고
    당신을 마시고, 마시고, 마시겠어요.

인생에서 중요한 것은

마지막날 인생을 요약할 때 가장 중요한 것은
용맹스러웠던 위업이나 권력 같은
거창한 것들이 아니라네
그것은 일상적인 일들
작지만 올바르고 정당한 일들을 하는 것
누가 뭐라든 그런 일을 하고 또 하는 것이라네
운명 앞에서 울고 싶을 때 웃고
일을 관두고 싶을 때 계속하는 것—
그런 것이 중요하다네

우리를 풍요의 땅으로 인도하는 것은
자신의 만족을 찾도록 도와주는 것은
경이감을 찾는 사람들이 모여드는

새로운 길이 아니라
비록 음악 소리는 요란하지 않아도
혼자 여행하는 길에는 그늘이 많을지라도
진실한 길을 가는 것이라네
두려움을 만나면 기도로 맞서고 신음을 노래로 바꾸는 것—
이것이 중요한 것이라네

하나님이 보시기에 좋은 것은
떠들썩한 교의가 아니라
단조로운 기도나 흥얼거리는 찬송가나
환희의 외침이나 노래가 아니라
믿음의 신발을 신고 걸어가는
당당하고 아름다운 여행이라네
어떤 일이 닥쳐도, 궂은 일이 생겨도
사랑하고 사랑하고 사랑하는 것
갈 길이 멀어 보여도, 낮이 어두워도
희망을 잃지 않고 믿는 것—
중요한 건 이런 것들이라네

긍휼

그는 실패자였고 어느날 세상을 떠났다.
 지도 없는 나라의 국경을 건너 보니
낙담한 영혼들, 눈이 슬픈
그들 무리 속이었다. 그들도 의도와는 다르게
목적을 이루지 못한 이들이었다.
 그들은 빛나는 천사장에게 한목소리로 외쳐 물었다.
 "저희를 하나님 앞으로 데려가지 말아 주세요,
우리는 실패자들입니다, 실패자! 숨어 있게 해 주세요."

그러나 천사장은 아랑곳없이 그들을
 창조주 앞으로 데려갔다. (이승의 끔찍한 소음이
하늘의 거룩한 곳까지 올라와 난입하고 있었다.)
그리스도가 몸을 떠는 무리에게 양팔을 뻗었다.

경청하는 그의 얼굴에 광대한 슬픔이 출렁였다.
"나에게 오라" 그리스도가 말했다. "나도 실패했노라."

재회

그만둔 지점에서 다시 시작하자, 너와 나,
그 오랜 꿈의 끊긴 실을 잇고
그때처럼 행복하게 살아가자, 그리고
세상이 비웃어도 다시 애인이 되자, 너와 나.

이별과 만남 사이의
무덤들은 이제 잊어버리자,
세월의 금세공을 녹슬게 한 눈물,
푸릇한 정원에 내린 서리도 잊어버리자.

애정을 하찮은 장난감으로 만든
차갑고 심술궂은 운명의 여신은 잊어버리고
다시금 행복한 사랑이 주는 달콤한 기쁨에 빠지자.

아니야, 너무 늦지 않았어!

깊이갈이된 내 이마는 보지 마
언듯언듯 은빛 내 머리도 보지 마
내 눈만 들여다봐! 오, 내 사랑,
그때 뜨거웠던 사랑이 지금도 빛나잖아!

사랑스러운 네 눈동자 깊고 여린 곳에
잃어버린 내 청춘의 애틋한 추억이 보인다,
성스러운 진리의 빛으로 빛나고
여름 하늘 푸름으로 청아했던 그 추억이.

그 오랜 꿈의 끊긴 실을 잇고, 너와 나,
재회한 연인처럼 손에 손을 잡고,
오래전 우리 존재의
양지 바른 땅으로 돌아가되 앞으로 가자.

우리 어떡하죠?

이제 여기서 우리는 영원히 갈라져야 해요
내 길은 이리로, 당신의 길은 저리로 향해요
사랑하는 그대여, 이 애틋한 사랑을 어쩌죠?
그 짐이 날이 갈수록 커 가요

감춰요? 이 세상 아무리 큰 동굴이라도
사랑을 감출 만큼 큰 곳은 없어요
과거라는 창고가 아무리 커도
그 사랑을 감출 수 있을 만큼 크지 않을 거예요

물에 빠뜨릴까요? 모든 바다가
큰 바다로 합쳐져도
그곳에 빠뜨린 이 감정이

수면으로 떠오르지 못할 만큼 깊지 않을 거예요

태워요? 저 용광로에 넣으면
천년이 흘러도 다 타지 않을걸요
그렇긴커녕 더 의기양양하고 팽창할 거예요
그 사랑은 탄생부터 불을 먹고 자랐으니까요

굶겨 죽여요? 그래요, 그 방법이 유일하죠
먹이지도, 쳐다보지도 않고 한숨도 쉬지 않고
 지난날의 추억이나 부질없는 후회의 빵조각도 먹지 못하게 해요
 —사랑이 죽게 그냥 내버려두는 거죠

사랑의 노래

세상이 시작되었을 때
생명체가 아직 생겨나지 않았을 때—
새 한 마리 없고
갓난 시간밖에 없었을 때—
고요가 별에게 말을 걸었다네
멀리 있는 애인에게 무슨 말을 했는지
나는 그대로 전할 수 없지만
그 말은 너무나 달콤했다네

아름다운 세상의 청춘기가 시작된 그곳에서
슬픔이 태어나기도 전에
진리 외에는 아무것도
죽음마저 알려지지 않았을 때

고요와 별이 혼인식을 올렸고
그날 태양은 사제가 되어 주례를 보았고
은하계 높은 곳은
그들의 원앙금이 되었다네

저 고귀한 태양은
별의 애인 고요가 말하는 것을 들었지
그들의 혼인 서약에
열렬한 말은 필요없었다네
오, 세상의 아름다운 여인들이여
내 말을 듣고 따라해 봐요—
당신은 아름다운 별
나는 목소리 없는 고요라네

바람이 전하는 말

군마처럼 질주하는 겨울바람을
소리쳐 불렀다
"바람아, 잠시 쉬어 가라
부디 내 질문에 대답하라

누가 모든 미덕의 원수이며
누가 죄악의 수령인가?
누가 아름다움의 이마를 어둡히고
누가 시간의 손을 속이는가?
누가 청춘의 아름다운 아침에
마음을 나이들게 하는가?
누가 슬픔의 전령이며
누가 진리의 암살자인가?

누가 사탄의 협력자이며
누가 지옥의 대리인인가?
누가 악의 조장자인가?
누가 마음에 비애를 채워 넣는가?
누가 강한 이의 힘을 훔치는가?
누가 현자의 지혜를 훔치는가?
누가 선한 자와 고귀한 자를
가장 비열한 자에게 멸시당하게 만드는가?

이에 사나운 겨울바람이
클라리온 같은 소리로 대답했다
"그것은 무수한 머리가 달린 짐승이다
사람들이 '알코올 왕'으로 세례를 준 악마다.'
사탄이 지옥의 왕국에서 파견하는
협력자, 천의 얼굴을 한 악마요
주인의 영을 훌륭히 수행하는 악마다
그는 귀족을 얽어매는 거미줄을 치고
호흡으로 영혼을 살해한다
아! 모든 미덕의 원수요
죽음의 대리인이로다."

민초의 목소리

아! 민초들이 밤낮으로 부르짖는 소리가 들린다
그들은 때가 오기를 바라며 부르짖는다.
선남선녀여, 그들의 애처로운 호소에
분노가 도사리고 있음에 유의하라.

땅을 점유한 자들은 들으라, 탐욕스러운 자들은 깊이 생각하라,
여기저기서 솟아 불어나는 그 불평의 의미를,
점점 더 크고 강해지는 그 소리의 의미를,
폭풍우를 나르는 물줄기가 계곡과 혼돈을 거쳐
새로운 힘을 얻어 커 가는 그 소리의 의미를.

하루가 다르게 저 여론의 위대한 강물이 불어나

급류가 되어 요동치며 탐욕의 땅 밑을 침수시키매

너희들이 탄압의 댐을 쌓고 금전의 다리를 세워 그 물결을 피하려 할지라도

공포에 휩싸여 달아날 때가 다가온다.

민초들이 밤낮으로 부르짖는 소리가 들린다,

인생의 가을에 땀 흘려 일하는 이들, 인생의 봄철에 이미 지친 어린아이들—

그들이 부르짖는다, 그들이 자신들 몫의 일과 즐거움을 찾아 부르짖는다.

너희들은 그들에게 푼돈을 지불하고 금고를 가득 채우지

너희들은 하나님의 땅을 훔치고 돈주머니를 더 크게 부풀리지.

아! 이 땅의 형제자매들에게 환원하라, 그들의 탄원이 저주로 바뀌기 전에.

결심

미래의 계획을 후회 위에 세우지 말고
결심 위에 세우라. 과거의 죄가 드리우는
그늘 속에서 더듬거리지 말고
너의 영혼이 희망의 길을 밝히고
어둠을 물리치게 하라
잃어버린 세월의 얼룩진 기록 위에
눈물을 낭비하지 말라
책장을 넘기고 웃어라, 그래, 웃어라
아직 쓰지 않은 백지가 남아 있으니

후회를 나불대지 말라. 너의 마음속에
성스러운 불꽃이 있음을 믿어라. 그것을 자라게 하라
그것은 원대하고 창조적 힘이며

그 힘을 가지면 희망으로 무엇을 성취할 수 있는지 알
게 된다
그 힘은 나무 꼭대기에 도토리를 열리게 하는 빛처럼
너를 도와 강하게 해 줄 것이다
결심하기만 하면 된다, 그러면 신의 대우주가
네 영혼을 강건히 하리라

후회

후회라는 이름의 유령이 있다
비애와 비슷한 옷을 입었지만
얼굴은 더 아름답고 희미하다
사람들은 슬픈 모습과 늘 젖은 눈을 보고
그녀를 알아본다. 아무도 그녀를 찾으려 하지 않지만
일단 만나면 모두가 그녀의 손을 잡고
지난날 걸었던 길을 정처없이 돌아다닌다—
잊어버리는 것이 좋았을 성스러운 길이다

어느날 그녀는 그 잃어버린 나라의 문으로 나를 데려가
그 안으로 들어가라 했지만 나는 소리쳤다. "싫어!
나는 내 용감한 동반자인 운명과 함께 그냥 지나가겠어
네게 허비할 눈물도 시간도 없어

앞으로 오를 높은 곳을 위해 그 힘을 쌓아 두겠어. 너는 큰일을 하려는 사람들의 친구가 아니야."

사랑을 말로 할 수 있다면

하나님의 세계에 대한 사랑이
끓어오르는 내 마음속을 말로 다 할 수 있다면
태양은 내 강렬한 감정에 흔들려
궤도를 이탈할 듯 휘청거리고
바다에 반짝이는 모든 별들은
황홀한 빛을 내 마음에 잠기게 하리
내가 느끼는 사랑을 말로 다 할 수 있다면

희망을 품은 생명의 무수한 형태들
담을 타고 하나님을 향해 열심히 뻗어 올라가는 덩굴
본분에 충실한 부지런한 개미
진리와 아름다움을 맹신하는 인간
그들에 대한 나의 무한한 사랑을 말로 할 수 있다면

세상의 생물들은 더 이상 다투며 살지 않으리
내가 느끼는 사랑을 말로 다 할 수 있다면

온 세상 사람들에게 사랑을 말할 수 있다면
그래서 그 말의 의미를 이해시킨다면
모든 사람이 불멸하는 사랑의 탄생을
사랑의 위대한 목표를, 사랑의 빛나는 시작을 알 것이며
그 말을 듣는 사람들에게
슬픔과 죄악 대신 기쁨이 있으리
내가 온 세상 사람들에게 사랑을 말할 수 있다면

숙명적 사랑에 내 영혼을 던져 놓고
내가 가는 길을 만들고
내가 오르는 나선계단을 만든
하나님에 대한 나의 크나큰 사랑을 말로 할 수 있다면
아, 그분은 나의 긴 인생길의 끝에 이르게 할 것이며
나의 '근원'에 다시 노래부르리
하나님에 대한 나의 크나큰 사랑을 말로 할 수 있다면

내가 있는 이유는

내가 어디서 왔는지 어디로 가는지
나는 모른다. 분명한 것은
지금 내가 희로애락의 세상 속에 있다는 것
안개와 암흑 속에서
진리 하나가 또렷이 반짝인다—
매일 매순간 이 세상의 기쁨이나 고통에
하나를 보태는 것은 나의 능력이다

나는 지구가 존재한다는 것을 알지만
그 존재 이유는 내가 상관할 바 아니다
그 본질을 알아내려 시간을 죽이지 않을 것이다
짧디짧은 시간이지만 이 땅에서
작은 점을 차지하는 나는

세상을 더 밝게 더 좋게 만들고 싶다

우리 모두의 문제는
고고한 생각의 결여인 듯하다
세상을 더 친절하게 만들라고
이 땅에 보내졌다고 생각하면
우리는 얼마나 빨리 세상을 희망에 찬 곳으로 만들 수
있을까
아무도 회피하지 않고 모두가
이웃을 도와 함께 나아간다면!

당신이 왜 이 땅에 보내졌는지 알려고 하지 말라—
결점과 잘못을 찾아내기를 그만두라
오늘 긍지를 가지고 일어나 이렇게 말하라
"나는 위대한 창조의 일부이며
세상에 사람이 아무리 많아도
성실한 사람이 필요한 자리가 있다
내가 필요하지 않다면 나는 존재하지 않을 것이다—
나는 이 섭리의 충족을 위해 보내졌다."

사랑

뜨거운 피를 가진 청춘은 사랑을 꿈꾸며
정열이 주는 잠시뿐인 기쁨과
욕망과 희열과 그것을 동일시한다.
그러나 사실 그런 것들은
숭고한 정상으로 가는 이정표일 뿐이다
난폭한 바람이 불고 뜨거운 햇볕이 내리쬐는
격정의 고속도로를 지나고
폭풍우 치는 바다를 헤치고 나가면
아름다운 산의 정상이 연인의 발길을 기다린다

길은 좁지만 앞은 탁 트이고
서풍이 불어 오는 쪽의 경치는 아름답다
불안의 골짜기를 벗어나

햇빛 찬란한 고지를 나란히 걷고
열렬하면서도 잔잔한 사랑을 아는 이는 복되다.

소망

세상이 좋아지길 바라세요?
그럼 무엇을 해야 할지 알려 줄게요
당신의 행동이 항상 올바르고 진실한지 감시할
파수꾼을 세우세요
이기적 동기를 몰아내세요
생각을 깨끗하고 높은 곳에 두세요
그러면 당신이 사는 곳을
작은 낙원으로 만들 수 있어요

세상이 더 지혜롭길 바라세요?
마음의 스크랩북 속에
지혜를 모으는 것부터
시작하는 게 어떨까요.

한 페이지도 어리석음에 낭비하지 말아요
배우기 위해 살고 살기 위해 배워요
사람들을 가르치기 원하면
가르치기 전에 배워요

세상이 행복하길 바라세요?
그러면 하루도 빠짐 없이
길을 걸어가면서
친절의 씨를 뿌릴 것을 기억하세요
만인의 즐거움은 대개
한 사람에게서 시작한다는 것을
도토리 한 알을 심는 손 하나는
뙤약볕으로부터 군대를 보호해 준다는 것을

옮긴이의 말

세상을 얻는 것은 예술이 아니라 가슴이다

　엘라 윌러 윌콕스(1850-1919)는 미국의 시인이자 저널리스트였습니다. 1850년 11월 5일 위스콘신주 존스타운에서 네 남매 중 막내로 태어난 엘라 윌러는 어려서부터 문학과 신문을 즐겨 읽었고, 열네 살 때 쓴 글이《뉴욕 머큐리》라는 주간지에 실릴 정도로 조숙했습니다. 당시 여성으로서는 드물게 위스콘신 대학교에서 1년(1867-1868) 동안 공부했고 그 이후에는 작가로서 글쓰기에 전념했습니다.

　스물두 살의 엘라 윌러는 금주에 관한 첫 번째 시집 『물방울(Drops of Water)』(1872)을 내고 이듬해에 교훈시와 종교시를 모은 『조가비(Shells)』를 출간하는 등 시인으로서 활발하게 활동했습니다. 엘라 윌러는 『모린(Maurine)』(1876)을 발표 후 사랑에 관한 시집을 내기 위해 시

카고의 한 출판사에 출간을 의뢰하지만 원고의 내용이 부도덕하다는 이유로 거절을 당했습니다. 우여곡절 끝에 이 원고는 1883년 다른 출판사에서 『열정의 시(Poems of Passion)』라는 제목으로 출간되는데, 2년 동안에만 미국에서 약 60,000부가 팔리는 대성공을 거두었습니다.

1884년 로버트 M. 윌콕스라는 사업가와 결혼한 엘라 윌러는 위스콘신을 떠나 코네티컷에 정착하여 그 지역 문학동인회를 이끌었습니다. 이 시기에 발표한 시집으로는 『남자와 여자, 정(Men, Women, and Emotions)』(1893), 『즐거움의 시(Poems of Pleasure)』(1888), 『감상의 시(Poems of Sentiment)』(1906), 『보석(Gems)』(1912), 『세상의 목소리(World Voices)』(1918) 등이 있습니다. 이뿐만 아니라 『나쁜 틀(Mal Moulée)』(1885), 『이중 생활(A Double Life)』(1890), 『달콤한 위험(Sweet Danger)』(1892), 『세상 물정에 밝은 여자(A Woman of the World)』(1904)와 같은 소설과 두 권의 자서전 『문필가의 이야기(The Story of a Literary Career)』(1905)와 『세상과 나(The World and I)』(1918)를 출간했고, 《코스모폴리탄》을 비롯한 여러 잡지에 에세이를 기고하기도 했습니다.

윌콕스 부부에게는 아들이 한 명 있었는데 태어나자마자 사망했고, 두 사람은 신지학과 심령론에 관심을 가지게 되었습니다. 1916년 남편과 사별한 뒤 그녀는 강신론에 심취했고, 1918년 프랑스에 주둔한 연합군 부대를 다니며 강연과 시 낭송회 활동을 펼쳤습니다. 그리고 1919년 10월 30일 코네티컷주 쇼트 비치에서 암으로 세상을 떠났습니다.

가장 잘 알려진 시 「고독」은 1883년 2월 25일자 《뉴욕 선》에 실렸고, 원고료로 5달러(현 화폐 가치로 약 150달러)를 받았습니다. 이 시는 1883년 5월에 출간된 시집 『열정의 시』에 포함되었습니다. 윌콕스는 「고독」을 쓰게 된 배경을 이렇게 밝혔습니다.

1883년 위스콘신 윈저에서 매디슨으로 가는 기차에 올랐다. 주지사 취임식 만찬에 초청받았는데 브랠리 판사 내외가 자기네 집에 와서 함께 가자고 했다... 그날은 화창했고 마음은 날아갈 듯했고 산다는 게 즐겁게 느껴졌다. 내 자리를 찾아 앉고 보니 옆에 검은색 옷차림의 젊은 여자가 있었다. 얼굴이 검은색 레이스 테를 두른 천에 부분적으로 가려 있었다. 몸이 떨리는 것을 보니 크게 울음을 터뜨리지 못하고 소리 없이 흐느끼고 있는 듯했다. 결혼한 지 1년이 되었고

1주일 전에 미망인이 된 여자였다. 내가 그전에 그녀를 마지막으로 봤을 때는 행복해서 환하고 아름다운 얼굴이었다.

나는 짧은 시간이었지만 매디슨에 도착할 때까지 그녀 옆에 가서 앉았다. 나는 그녀의 깊은 슬픔에 감싸였다. 역에서 내려 브랠리 판사의 집에 가는 길에도 나는 여전히 그 미망인의 슬픔에 휩싸였고 그 상태로는 만찬을 즐기지 못할 것 같았다. 하지만 그곳의 친구들은 나를 반가이 맞아주었고 판사의 젊은 아내는 나를 즐겁게 해주기 위해 많은 것을 준비하고 있었다. 그날 밤, 거울 앞에 섰을 때 상복을 입은 그 젊은 미망인의 모습이 내 앞을 스쳐 지나가는 환상을 보았다. 그러자 어딘가를 방문하러 가던 길이었던 그녀를 감싼 어두운 그림자가 떠올랐고, 그것은 내가 처한 밝은 환경과 대비되었다. 그것이 내가 「고독」이라는 시를 쓰게 된 계기였다. 첫 네 행은 바로 그 자리에서 썼다.

나는 이 네 행으로 시작해서 긴 시를 쓰게 될 것을 알았다. 내가 쓴 시의 대다수는 이런 식으로 시작되었다. 언제나 예기치 못한 순간에 한 줄 또는 한 연 전체가 떠올랐다. 그러면 그것을 머릿속에서 지우지 않고 계속 생각하다 시간이 날 때 완성하곤 했다.

   나는 어떤 기준에도 구애받지 않고 내 마음이 이끄는 대로 시를 썼다. 하지만 훗날 세상 사람들은 나보다는 더 면밀하고 고지식한 예술가들을 기억할 것이다. 나는 내게 무엇이 부족한지 잘 알지만 다시 처음으로 돌아간다 해도 아마 다르게 글을 쓰지 않았을 것 같다. 최선을 다해서 내게 주어진 의무에 충실했다.

엘라 윌러가 어떤 식으로 시를 썼으며, 무엇에서 영감을 받았는지 짐작할 수 있습니다.

윌콕스는 '대중 시인'으로서 성공을 거두었고 문단의 비평가들보다는 대중에게 큰 갈채를 받았습니다. 미국을 넘어 유럽에서도 많은 이들이 윌콕스의 시를 읽었는데 일례로 영국 왕실은 버킹엄 궁전 만찬에 그녀를 초청하고, 영국의 출판사들은 귀국행 증기선까지 그녀를 배웅할 정도였습니다. 왕족을 위해 그러듯이 잔디에 카펫까지 깔고 윌콕스를 위해 팡파레를 울렸고, 그녀의 시집을 읽은 독자 수백 명이 그 자리에 몰려들었습니다.

   이 시집에는 포함되지 않았지만 「우리는 새롭게 회복할 것이다(We'll Come Back Clean)」에서 윌콕스는 시 예술과 관련하여 이렇게 말합니다. "평론가는 예술에 머리를 숙이고 / 나는 예술의 진정한 애인이지만 / 세상을 얻는 것은 / 예술이 아니라 가슴이다"라며 평론가들을 슬쩍 나무랍니다. 당시 이 구절은 시인이 되고 싶어 하는 많은 이들에게 희망과 용기를 주었습니다. '고고한 시'의 예술에 도달하지 못하여 절망하는 젊은이들이 그녀의 시에 쓰인 언어와 자신들의 언어가 별로 다르지 않다는 것을 보았기 때문입니다.

단독 시집으로 한국에 처음 소개되는 만큼 많은 독자들이 엘라 윌러 윌콕스의 시 세계를 경험해 주신다면 더 바랄 게 없겠습니다. 마지막으로 박참새 작가님과 윌콕스의 시집 출간을 제안한 독자 탐진님에게 깊은 감사를 드립니다.

2024년 3월
이루카

옮긴이 **이루카**

서울에서 태어나 브루클린과 마드리드에서 성장했다. 비교문학을 공부했으며 여성과 소수자 문학에 많은 관심을 두고 있다. 번역서로『모든 슬픔이 사라진다』와 가브리엘라 미스트랄 시집『밤은 엄마처럼 노래한다』가 있다.

고독의 리듬
엘라 윌러 윌콕스 시집

초판 1쇄 펴냄 2024년 3월 28일
초판 2쇄 펴냄 2025년 4월 25일

지은이 엘라 윌러 윌콕스
옮기고 엮은이 이루카
번역저작권 ⓒ 이루카 2024
펴낸곳 아티초크 (Artichoke Publishing House)
출판등록 제25100-2013-000008호
주소 경기도 성남시 분당구 탄천상로 164, A-303 (13631)
전화 031-718-1357 | **팩스** 031-711-1351
홈페이지 artichokehouse.com

이 책의 전부 또는 일부를 재사용하려면
반드시 번역 저작권자와 아티초크 출판사의 동의를 받아야 합니다

ISBN 979-11-86643-17-4